AF259405

OBSERVATIONS RELATIVES

A LA

RÉDACTION

DES

ACTES DE NAISSANCE

PAR

P. LÉ VERDIER

DOCTEUR ÉN DROIT,
AVOCAT A LA COUR D'APPEL DE ROUEN.

(ARTICLE EXTRAIT DE *LA FRANCE JUDICIAIRE*)

PARIS

A. DURAND et PEDONE-LAURIEL, Éditeurs,
LIBRAIRES DE LA COUR D'APPEL ET DE L'ORDRE DES AVOCATS
G. PEDONE-LAURIEL, SUCCESSEUR
13, rue Soufflot, 13.

—

1880

OBSERVATIONS RELATIVES

À LA

RÉDACTION DES ACTES DE NAISSANCE

I. — DE LA PRÉSENTATION.

De quelques précautions que les législateurs de 1804 aient entouré l'acte de naissance pour mettre à l'abri des fraudes l'état civil de l'enfant, les règles qu'ils ont adoptées laissent cependant encore place à la critique; et c'est dans ce but même de protection qu'a été écrite la prescription dangereuse, que l'usage a bientôt fait abandonner, mais dont l'oubli est peut-être plus périlleux encore : nous voulons parler de l'obligation imposée par l'article 55 du code civil aux déclarants de présenter à l'officier de l'état civil l'enfant qui vient de naître.

Nous indiquerons rapidement quels motifs avaient fait adopter la règle de la présentation; quels inconvénients l'ont fait négliger; quelle règle nouvelle pourrait lui être substituée.

§ 1. *Motifs.* — Les rédacteurs du code civil ont eu pour but en écrivant l'article 55 de déterminer d'une manière certaine l'état civil du nouveau-né, et cela non seulement dans son propre intérêt, mais aussi dans l'intérêt des familles, ou même du pays. La majorité par exemple, les successions feront naître des droits, le service militaire créera des obligations, pour lesquels deviendra nécessaire une constatation prompte et rigoureuse de l'âge. La déclaration immédiate de la naissance et la rédaction d'un acte s'imposaient. La déclaration a été considérée comme la chose essentielle, mais on reconnut que seule elle était un moyen insuffisant, qu'elle était sujette à des erreurs, qu'elle laissait place aux fraudes. « La naissance est un fait; il doit donc être justifié à celui qui en donne acte; l'enfant sera présenté à l'officier de l'état civil, » disait le rapporteur Siméon. « L'enfant sera toujours présenté à l'officier civil; cette formalité est nécessaire pour prévenir beaucoup d'abus, » lit-on encore dans l'exposé des motifs de Thibaudeau. La pensée du législateur se dégage nettement de ces citations : la naissance sera prouvée à l'officier de l'état civil par la présentation de l'enfant. « Si l'on ne s'attache en effet à cette sage précaution, que d'abus, que de fraudes possibles ! C'est ainsi que l'officier de l'état civil inscrira comme né d'hier un enfant âgé déjà de huit jours, d'un mois, d'un an peut-être ; qu'il constatera que l'enfant est d'un sexe tandis qu'il est de l'autre ; qu'il déclarera vivant un enfant qui n'aura jamais vécu, qui ne sera peut-être jamais né ; et toutes ces déclarations erronées seront un jour une source de désordres et de troubles pour les familles[1]. » Ces dangers et d'autres encore, il fallait les conjurer, on eut recours à la présentation. Malheureusement, cette formalité ne pouvait avoir les résultats avantageux qu'on en attendait ; bien plus l'exécution en devait être le plus souvent impossible, si bien que, au mépris de la loi, l'usage l'a fait abandonner.

§ 2. *Résultats*. — Et d'abord le but de la loi n'est pas atteint.

a) On a cru trouver dans la présentation une garantie suffisante de l'identité du nouveau-né. Sans doute l'officier de l'état civil reconnaîtra bien si l'enfant qu'on lui présente vient de naître ou s'il est déjà âgé de plusieurs mois ; mais reconnaîtra-t-il celui qui n'a que deux ou trois jours de celui qui a plusieurs semaines ? Et certes ce n'est pas un enfant de deux et trois ans qui sera substitué, mais bien un enfant assez jeune pour que son âge ne puisse pas être facil...ent discerné. Un médecin seul pourrait distinguer la vérité.

Et cependant les questions de substitution et de suppression de part sont d'une haute importance. Une jeune femme meurt en couches, son enfant est mort avant elle, il s'agit d'un héritage considérable qui doit être dévolu à sa famille si elle ne laisse pas de descendants ; or on vient présenter à l'état civil un enfant qui n'est pas le sien, l'employé dresse l'acte, et l'ordre de succession établi par la loi est interverti : à la famille du mari est assurée, au cas de décès de l'enfant substitué, partie de la fortune de la mère, et quoiqu'il arrive, la famille de celle-ci est dépouillée. — Une femme perd son mari, elle simule une grossesse, l'on présente à l'officier un enfant étranger déjà présenté, déjà muni d'un état civil régulier, et la constatation de la naissance d'un posthume assure à la mère une fortune qui ne lui appartient pas. Ou bien elle était réellement enceinte, mais elle a mis au monde un enfant mort et, recourant à la même fraude, elle s'est encore acquis la jouissance ou la propriété des biens de son mari. — Ailleurs c'est une femme qui donne le jour à un enfant dont le sexe ne convient pas, on lui en substitue un autre : les droits de l'enfant légitime sont transportés à un étranger, et la loi, dont c'est le devoir, n'a su les lui conserver. — Ou bien encore on a omis de déclarer dans le délai légal la naissance du nouveau-né, et pour éviter les peines édictées par l'article 346 du code pénal, on déclare comme né d'hier l'enfant qui a déjà huit jours, et peut-être cette fausse déclaration aura-t-elle eu pour effet d'anéantir ou de modifier des droits de famille ou de succession, des créances conditionnelles ou à terme. C'est peut-être même à dessein qu'on a tardé à déclarer la

1. RIEFF, *Actes de l'état civil*, nº 118.

naissance de l'enfant né dans les derniers jours de décembre, afin de placer à l'année suivante la date de sa naissance et de cette manière lui faire gagner du temps pour le service militaire, pour les études, pour les concours.

Ainsi il se peut que le même enfant soit plusieurs fois présenté à l'officier de l'état civil sous des noms différents; que des naissances imaginaires lui soient déclarées; qu'un enfant d'un âge ou d'un sexe différent lui soit présenté à la place de celui qui vient de naître ou qui est déjà mort, et le magistrat n'aura pu discerner ni la substitution ni la supposition.

Supposons maintenant chez les déclarants l'absence de toute pensée frauduleuse, une erreur non moins grave est encore à redouter : dans maintes hypothèses, l'officier de l'état civil, en admettant même qu'il fasse découvrir l'enfant qui lui est présenté, pourra lui attribuer un sexe qui n'est pas le sien. Le fait n'est pas rare dans les annales judiciaires d'individus réclamant en justice un sexe différent de celui que leur assigne leur acte de naissance; et les ouvrages des médecins légistes rapportent nombre de cas dans lesquels la détermination du sexe a pu offrir, même pour les personnes de l'art, des difficultés qui avaient passé inaperçues sous les yeux de l'employé chargé de la présentation[1].

Mais on objectera que la déclaration est faite en présence de deux témoins, qu'ils attestent la sincérité des énonciations de l'acte. Nous répondrons que ces témoins n'ont pas assisté à l'accouchement, qu'ils peuvent être pris à la mairie (*Gaz. des tribunaux* du 8 septembre 1845); et que dans la pratique ils ne font qu'assister à la rédaction de l'acte de naissance d'un enfant que le plus souvent ils n'ont même pas vu, dont ils ignorent le sexe et l'identité. Et d'ailleurs, l'auteur d'une fausse déclaration ne pourra-t-il pas acheter deux faux témoins?

Ce n'est pas seulement l'âge et le sexe qui échappent à la vérification de l'officier de l'état civil, c'est encore la viabilité, la vie même qu'il est incapable de discerner sûrement. Du point de savoir si l'enfant est né viable ou non dépendent une foule de conséquences importantes et par exemple celles qui sont écrites dans les articles 314, 725 et 906 du code civil. L'enfant qui n'est pas né viable ne peut être désavoué; l'enfant qui n'est pas né viable ne peut recevoir une succession, une donation ou un legs qui lui sont échus pendant sa vie intra-utérine. Au contraire a-t-il vécu, l'action en désaveu est possible; les hérédités ou libéralités ont été recueillies et le nouveau-né les a transmises à ses propres héritiers. Or, conformément aux prescriptions du décret du 4 juillet 1806, l'officier de l'état civil a écrit sur les registres qu'un enfant sans vie lui a été présenté. Sans doute, il ne résulte de l'acte aucun préjugé sur la question de savoir si l'enfant a eu vie ou non, mais cependant, il est présumé mort-né, et si aucune action n'est in-

---

1. *Gazette des tribunaux* du 23 septembre 1846; — Isid. Geoffroy Saint-Hilaire, *Histoire générale des anomalies de l'organisation chez l'homme*, t. II; — Marc, *Dict. des sciences médicales*, v° Hermaphrodite; — *Bulletin de la société de médecine*, année 1815, n° 10; — Orfila, *Médecine légale*; — Devergie, *Médecine légale*, t. I, chap. vii; — Tardieu, *Question medico-légale de l'identité*.

troduite en justice pour faire rechercher et constater la vérité, l'enfant restera mort-né. Et cependant il a peut-être vécu quelques jours et pour cacher un déshonneur ou recueillir une fortune, le déclarant a peut-être commis un faux, mettant à profit cette circonstance heureuse d'une mort qui a suivi de près la naissance.

Résumons ces critiques : on voulait une déclaration rapide et fidèle, on eut recours à la présentation : la présentation laisse le champ libre à toutes les fraudes. Il n'est pas au pouvoir de l'officier civil de distinguer ni l'âge, ni le sexe, ni la vie; tous les faux demeurent possibles, et ce que la loi avait pour devoir de protéger, l'identité du nouveau-né, reste malgré la présentation sans sauvegarde.

b) La présentation n'est pas seulement une formalité illusoire, elle est une formalité périlleuse : elle compromet la vie du nouveau-né. Sans qu'il soit besoin de recourir à l'autorité des médecins et des traités où ils ont consigné leurs observations, on peut affirmer que l'enfant naissant a une existence très précaire; obligé tout-à-coup et sans transition d'entretenir lui-même ses fonctions vitales, il faut qu'il en puise les éléments dans l'air extérieur, et cependant la constitution de ses organes est très faible; pendant plusieurs jours au moins la vie est mal établie et les plus légères influences peuvent lui imprimer une direction funeste. Les variations atmosphériques sont surtout redoutables, et cependant avant le troisième jour l'enfant doit, de par l'article 55, être exposé à la rigueur de la saison, aux inconvénients d'un transport souvent long et difficile, surtout dans les communes rurales.

La loi du 20 novembre 1792, comprenant que ce déplacement pouvait être dangereux, avait prescrit à l'officier de l'état civil de se transporter au lieu où se trouvait le nouveau-né, « en cas de péril imminent » (tit. III, art. 6). Le code civil n'a pas reproduit cette disposition. Est-ce à dire qu'elle soit abrogée? Nullement. L'exposé des motifs de Thibaudeau en est la preuve: « L'enfant, dit-il, sera toujours représenté à l'officier de l'état civil, cette formalité est nécessaire pour prévenir les abus; *elle n'interdit pas à l'officier de l'état civil de se transporter vers l'enfant, suivant l'exigence des cas*[1]. » Il faut toutefois remarquer que ce qui lui était jadis prescrit n'est aujourd'hui pour lui qu'un devoir d'humanité abandonné à sa discrétion. Or, si nous jetons les yeux autour de nous, que verrons-nous le plus souvent? L'officier de l'état civil se transporter parfois, et de mauvais gré, au domicile de quelques parents qui, plus que tous autres peut-être, auraient eu les moyens de protéger le nouveau-né contre les intempéries de l'air. N'est-il pas à craindre, au contraire, que l'homme d'humble condition n'ose ou ne sache faire constater le péril, ne puisse décider l'officier civil à se transporter en sa demeure et ne porte enfin le nouveau-né à la mairie, mal vêtu, en danger de périr? Il fallut, le 19 juin 1862, une ordonnance sur référé du président

1. Locré, t. III, p. 141.

du tribunal de la Seine, pour obliger un maire de Paris à se déplacer à l'effet de constater la naissance d'un enfant dont le médecin attestait pourtant la maladie! (*Gazette des tribunaux* du 20 juin 1862.) Une lettre de M. Élie Paillet, insérée dans le *Droit* du 20 janvier 1867, constate un fait analogue[1]. Les exemples de refus semblables pourraient se multiplier, et combien sont inconnus, auxquels il faut encore ajouter tous les cas où la constatation à domicile n'a pas été réclamée alors que la nécessité s'en imposait.

Mais aussi, ne l'oublions pas, et cela vient à la décharge de l'officier de l'état civil, il lui serait, surtout dans une grande ville, difficile de se transporter près de chaque nouveau-né. Ces transports absorberaient tout son temps que réclament aussi les affaires administratives. Et puis il ne peut y avoir qu'un registre des naissances (art. 40, 42 du code civil), pendant que ce registre serait au dehors, comment constaterait-on les naissances qui viendraient à être déclarées à la mairie? Ajoutons enfin que ces déplacements sont contraires à la bonne tenue et à la conservation de ces registres.

Ainsi, et sans insister davantage, nous pouvons le proclamer, la présentation de l'enfant à la mairie dans les premiers jours de sa vie compromet toujours sa santé, souvent son existence. La constatation à domicile par l'officier civil ne lui est prescrite qu'à titre exceptionnel; prescrite d'une manière uniforme (et l'intérêt de l'enfant l'exigerait), elle lui serait onéreuse; disons-le, il ne suffirait pas à la tâche, et les registres enfin ne résisteraient pas à des déplacements répétés.

c) Aussi quelle pratique s'est bientôt établie? L'enfant ne peut être transporté! on le déclare sans le présenter, et de ce chef l'article 55 est violé. Si la vie de l'enfant n'est plus mise en péril, à quel désordre l'état civil n'est-il pas abandonné?

Le premier venu assisté de deux témoins peut, à la condition de justifier de son domicile devant un commissaire de police, venir déclarer la naissance d'un enfant imaginaire et il sera authentiquement constaté que tel jour, par tel individu, un enfant a été présenté à l'officier de l'état civil qui a reconnu son sexe! et les auteurs de cette stupide plaisanterie n'ont guère à redouter la peine de leur faux : avant une vingtaine d'années, avant l'âge des obligations militaires, nul ne s'enquerra de l'enfant dont l'acte de naissance dormira dans les archives de la municipalité. Bref, comme le disait Thibeaudeau, « la naissance doit être justifiée à celui qui en donne acte, » et parce que le mode de justification adopté s'est trouvé impraticable, tout contrôle, toute garantie a disparu. Ce qu'un employé a écrit sur la foi de gens qui lui sont inconnus est devenu authentique, et il faudra l'intervention de la justice pour l'annuler si jamais la fraude apparaît.

1. ADDE, Décision sur référé du président du tribunal de la Seine du 14 mai 1868, *Le Droit*, numéro du 17 mai 1868; — *Moniteur des tribunaux* du 13 novembre 1868, un article de Chauveau-Adolphe.

C'est depuis de longues années que la présentation est tombée en désuétude. Dès 1844, Rieff écrivait que cette disposition de la loi avait cessé d'être observée « dans un grand nombre de communes[1] ». En 1850, au cours d'une discussion à l'académie de médecine, l'un de ses membres constatait « que l'article 55 reste sans application dans la plus grande partie de la France[2] ». En 1867, la présentation était inobservée dans la plupart des villes[3]. Aujourd'hui même une réforme est encore attendue malgré les vœux émis en 1845 et 1847 par les conseils généraux de la plupart des départements, malgré les vœux du conseil général de la Seine, maintes fois renouvelés de 1845 à 1852, malgré les votes du sénat qui, en 1863 et 1867, appelèrent l'attention des ministres compétents sur la nécessité « d'étendre à toute la France un système qui avait été déjà heureusement appliqué dans plusieurs villes ». (Séance du sénat du 24 mai 1867, rapport du baron Brenier, *Moniteur* du 25.)

§ 3. *Réformes proposées.* — Les corps médicaux, les jurisconsultes, les assemblées départementales, l'opinion publique en un mot s'est émue d'une situation qui peut se résumer ainsi : on constate tout ce qu'il plaît au premier venu de déclarer, sans rien vérifier, sans rien pouvoir vérifier ; on donne également l'authenticité au vrai et au faux. D'une part, une loi restant sans application est violée impunément[4] ; d'autre part, elle est reconnue nécessaire ; le principe est incontestable, l'application est inadmissible ; une simple amélioration est urgente et les années s'écoulent sans qu'elle apparaisse.

Une innovation bien simple cependant s'impose, c'est celle qu'avaient adoptée déjà plusieurs villes et qu'a prescrite pour son département le préfet de la Seine dans ses deux arrêtés du 29 décembre 1868, c'est la constatation à domicile des naissances par un médecin délégué de l'officier de l'état civil. Le même médecin qui constate les décès constatera les naissances ; ou même tous les médecins de la commune les constateront concurremment, et celui qui aura secouru l'accouchée certifiera la naissance comme le médecin qui a soigné le malade certifie le décès. Le certificat ainsi délivré tiendra lieu de la présentation, les personnes visées par l'article 56 du code civil n'auront plus qu'à s'en munir pour faire la déclaration qui leur est prescrite. Ainsi seront conciliés et les intérêts de la société et ceux de l'enfant, les faux ne seront plus à redouter, l'état civil et la santé du nouveau-né seront sauvegardés.

1. *Des actes de l'état civil,* n° 118.
2. Mémoires de l'académie de médecine, séance du 11 juillet 1850, discours de M. Bouvier.
3. Il faut en excepter Douai, Versailles, Carcassonne, Arras, Lyon et quelques autres qui avaient déjà adopté des réformes.
4. L'article 346 du code pénal punit le défaut de présentation aussi bien que le défaut absolu de déclaration, car la déclaration ne se sépare pas de la présentation ; Cass., 21 juin 1833.

L'âge de l'enfant sera reconnu par le médecin; le sexe lui paraît-il ambigu, il l'indiquera en son certificat et l'on provoquera une expertise médicale; l'enfant est-il mort-né, né viable ou non, l'examen du cadavre lui révèlera bientôt la vérité. De cette manière les suppositions de part deviendront impossibles, l'examen de la prétendue accouchée faisant aussitôt connaître la fraude; les substitutions deviendront difficiles, le rédacteur du certificat n'étant autre que l'homme de l'art qui aura assisté à l'accouchement. Ainsi plus d'erreurs de la part de l'officier de l'état civil, et le transport du nouveau-né sera évité.

On a élevé plusieurs objections contre ce système.

On a dit que c'était violer l'article 55 qui veut que l'enfant soit présenté à l'officier de l'état civil, et non pas à un médecin dont l'attestation ne peut revêtir un caractère authentique.

Il faut répondre que ce système a précisément l'avantage d'éviter la modification toujours grave d'un article du code, sans qu'il soit en opposition avec cet article. En effet, en ce qui concerne les actes de décès, l'article 77 prescrit à l'officier de « se transporter » auprès de la personne décédée pour s'assurer de son décès, et cependant partout c'est un médecin qui est délégué : or quelqu'un a-t-il jamais prétendu que l'article 77 fût ainsi violé? Eh bien! l'article 55 est bien moins explicite, et à plus forte raison il n'interdit pas l'errement proposé.

On ne peut donc méconnaître que le législateur, aussi bien à propos des actes de naissance qu'à propos des actes de décès, a abandonné au pouvoir exécutif la réglementation des détails, et aucun des textes du code ne spécifie dans quelles conditions s'effectuera la présentation. Cette formalité est exigée, voilà tout; le magistrat l'accomplira soit par lui-même, soit par son délégué, pour le mieux des intérêts de tous, et dans le dernier cas, s'appropriant la constatation de ce délégué il la revêtira de l'authenticité.

Du reste, la légalité de la présentation à un délégué, et à domicile, n'est plus contestée aujourd'hui.

On a dit encore que la visite d'un médecin vérificateur au domicile des accouchées pourrait exposer les familles à des révélations dangereuses.

D'abord, il faut bien reconnaître que le transport de l'enfant à la maison commune est bien plus favorable à la divulgation du secret qu'une simple constatation à domicile qui peut se faire à l'insu de tous. Et d'ailleurs le médecin délégué se ferait représenter l'enfant, mais le plus souvent n'aurait aucun rapport avec la mère qu'il ne verrait même pas. Celle-ci du reste a-t-elle été assistée par un médecin, une sage-femme, la rédaction qu'ils feraient d'un certificat ne modifierait pas le secret dont on se serait entouré. Et puis enfin la présentation à la mairie n'en reste pas moins licite, libre aux déclarants de transporter l'enfant, s'ils le préfèrent [1].

On a objecté les difficultés pratiques : dans les grandes villes, les nais-

---

1. Arrêtés du préfet de la Seine du 29 décembre 1868, D., 1871, III, 41. — Il serait nécessaire alors qu'un médecin fût présent à la mairie pour constater l'état de l'enfant.

sances sont fréquentes, il faudrait un personnel nombreux pour suffire à toutes les constatations. Mais le médecin de la famille suffira, comme il suffit pour constater le décès. Si quelques villes délèguent des médecins spéciaux pour les décès, il ne sera guère plus difficile d'en faire autant pour les naissances.

Dans les communes rurales, dit-on, les distances sont trop grandes, le médecin délégué aurait un service difficile à accomplir. Mais si l'enfant est plus longtemps exposé aux dangers du transport, il faut d'autant plus le lui éviter. De pareilles objections ne méritent pas que l'on s'y arrête, et les invoquer c'est reconnaître qu'on n'en saurait opposer de sérieuses:

Ainsi le système proposé réunit tous les avantages : la naissance n'est pas seulement déclarée, mais prouvée; toutes les énonciations de l'acte qui sont l'œuvre personnelle du magistrat sont vérifiées par un mandataire compétent, dont l'honorabilité, la prudence, la sincérité sont certaines; la vie, la santé de l'enfant ne sont plus mises en péril; les fraudes sont écartées; les registres ne sont pas déplacés. Un mode de constatation aussi sage devrait être imposé à toutes les municipalités. Vainement par sa circulaire du 9 avril 1870, le ministre de l'intérieur a appelé l'attention des préfets sur l'opportunité des réformes, leur recommandant d'engager les maires de leurs départements à s'inspirer des règlements adoptés par le préfet de la Seine. Si quelques municipalités ont entendu ces conseils, nous pouvons dire que dans beaucoup de grandes villes et dans presque toutes les communes rurales les anciens errements sont toujours en vigueur. Cependant la nécessité des améliorations est manifeste, les avis et les circulaires sont impuissants contre la routine ou de mesquines économies; ce qu'il faut aujourd'hui, c'est un règlement d'administration publique étendant à toutes les communes de France les dispositions des arrêtés du 29 décembre 1868, la mesure est urgente et nous l'appelons de tous nos vœux [2].

II. — Du défaut de garantie dans la personne du rédacteur de l'acte.

Une autre critique nous paraît devoir être dirigée contre le mode de constatation des actes de naissance : le rédacteur de ces actes ne présente pas des garanties suffisantes de capacité. Mais c'est à l'application pratique de la loi et non à la loi elle-même que ce reproche s'adresse.

Il ne faut pas méconnaître pourtant que la loi de pluviôse an VIII, qui nous régit aujourd'hui, a montré moins de prévoyance que la loi du 20 septembre 1792. Celle-ci confiait bien aux municipalités le soin de recevoir et de conserver les actes (art. 1), mais elle voulait que le conseil général de la commune choisît un ou plusieurs de ses membres qui rempliraient spécialement les fonctions d'officier de l'état civil, et ce n'était qu'en cas d'absence ou d'empêchement de cet officier commis que le maire ou un autre membre du conseil pouvait recevoir les actes (art. 2, 3 et 4) [1].

1. Les réformes n'ont été adoptées à Rouen qu'en 1879.
2. Article 2. — Les conseils généraux des communes nommeront parmi les membres,

Depuis la loi du 28 pluviôse an VIII, les maires, par cela seul qu'ils sont maires, sont officiers de l'état civil; cependant leur capacité n'est pas toujours la cause principale de leur élection, et, dans nombre de communes, ils se trouvent peu propres à remplir cette partie de leurs attributions; ou bien leurs occupations administratives absorbent tout leur temps, ils négligent l'état civil et en abandonnent la direction à des commis. Et cependant dans le conseil de la commune siègent des personnes à qui leur capacité peut-être, leurs loisirs certainement permettraient de diriger et de surveiller d'une manière beaucoup plus efficace la rédaction des actes, ou même de s'acquitter personnellement de leurs fonctions, au lieu de les remettre à un simple employé.

Telle est en effet la pratique dans toutes, ou, si l'on veut, dans presque toutes les communes de France : un commis qui n'est investi d'aucun caractère officiel, dont rien n'atteste l'instruction, la capacité, dont aucun serment ne garantit la fidélité, reçoit les actes de l'état civil, les rédige, leur donne la force authentique, et de temps en temps les soumet en masse à la signature de l'officier civil. Encore arrive-t-il parfois que celui-ci vient à mourir et laisse non signés un grand nombre d'actes. Il faut alors recourir à des enquêtes et à des jugements pour obtenir la rectification de ces actes incomplets[1]. Un jugement intervient alors, ordonne qu'ils seront signés par le nouveau titulaire des fonctions et constate publiquement cette violation inouïe des lois : qu'un officier public ne s'est pas acquitté de ses devoirs, que des actes authentiques ont été reçus et rédigés par un commis salarié, que l'officier n'a jamais connu l'acte qui le proclame pourtant son auteur[2].

Souvent, d'ailleurs, les employés commettent une foule d'erreurs, de fautes de rédaction; l'orthographe est blessée, les noms sont défigurés, les prénoms sont altérés ou des prénoms inconnus sont inscrits[3].

Ce n'est pas tout. Ici un comparant se déclare possesseur d'un titre nobiliaire, l'employé qui reçoit l'acte, soit par ignorance, soit par faiblesse, mentionne le titre; ou bien demandant une justification, il en accepte une qu'il ne sait contrôler; plus tard, l'enfant, se conformant d'ailleurs aux lois

suivant l'étendue et la population des lieux, une ou plusieurs personnes qui seront chargées de ces fonctions.

Article 3. — Les nominations seront faites par la voie du scrutin..., etc.

Article 4. — En cas d'absence ou d'empêchement légitime de l'officier public chargé de recevoir les actes de naissances, mariages et décès, il sera remplacé par le maire ou par un officier municipal ou par un autre membre du conseil général à l'ordre de la liste.

1. Articles 46, 99, 100 du code civil. — Lettres du ministre de la justice des 14 et 20 août 1877, insérées au *Bulletin officiel* du Ministère de la Justice, année 1877, p. 122.

2. Tribunal de Bernai, 10 juillet 1878, jugement rectifiant 153 actes sans signature.

3. La loi du 11 germinal an XI (art. 1er), prescrit à l'officier de n'accepter que des noms en usage dans les différents calendriers, ou ceux des personnages connus dans l'histoire ancienne. Un jugement du tribunal de la Seine, du 2 avril 1870, a décidé qu'un maire de Paris avait été fondé à refuser d'inscrire le prénom de Mélida; dans une commune rurale, on n'eut vraisemblablement pas fait de difficulté. Du reste, il suffit d'ouvrir les

et règlements qui défendent de porter d'autres noms et titres que ceux que lui assigne son acte de naissance[1], se prévaudra de cette énonciation pour usurper et transmettre des distinctions qui ne lui appartiennent pas[2].

Ailleurs le rédacteur de l'acte de naissance refusera de mentionner des titres, quoique la propriété en soit attestée par des documents certains, dont il serait du reste incapable de contrôler l'authenticité, le sens ou la portée, et l'enfant obligé de ne porter que les noms inscrits en son acte de naissance sera privé de titres qui lui appartiennent légitimement, ou bien se verra dans la nécessité d'introduire en justice une demande en rectification.

En un mot rien n'est plus déplorable que cet usage qui remet à un simple employé les fonctions de l'officier de l'état civil. C'est devant un notaire et non devant son clerc ; devant un greffier et non devant son expéditionnaire ; devant le juge et non devant son greffier que comparaissent les contractants, plaideurs ou autres, et parce qu'au lieu d'intérêts pécuniaires il s'agit de l'état civil lui-même du citoyen, l'usage tolérerait de pareils abus !

Qu'un fonctionnaire capable et assermenté soit donc réellement préposé à la tenue des registres de l'état civil. Sera-ce le maire ? Nous souhaiterions que l'état civil, dépendance directe du pouvoir judiciaire, fût véritablement remis aux mains d'un représentant de ce pouvoir. Nous souhaiterions que dans chaque canton un magistrat spécial, assisté, s'il est nécessaire, de suppléants, le juge de paix par exemple, le greffier de paix, si l'on veut, fût chargé de recevoir les actes de l'état civil de toutes les communes de sa circonscription. Celui-là aurait l'expérience, la capacité, le loisir d'exercer ses fonctions. Objectera-t-on que les habitants seraient astreints à se transporter au chef-lieu du canton ? Mais les cantons sont-ils donc bien étendus ? Ne va-t-on pas fréquemment au chef-lieu pour les intérêts matériels de la culture, du ménage, etc. ? Serait-on fondé à se plaindre d'être contraint de s'y rendre pour un événement autrement important et qui certes ne se renouvellera pas bien souvent dans tout le cours d'une vie d'homme ? Objectera-t-on que ce serait retirer à la commune ses propres archives ? Mais les registres, pour être tenus au canton, n'en demeureraient pas moins subdivisés par communes. Et pourquoi d'ailleurs les registres de l'état civil seraient-ils conservés en la commune plutôt que centralisés au chef-lieu du

registres de ces communes pour y lire les prénoms les plus étranges, ou bien des prénoms connus singulièrement défigurés. Quand la rectification en justice n'a pas été demandée, les pièces officielles reproduisent textuellement ces dénominations absurdes ou ridicules.

1. Loi du 6 fructidor an II, articles 1, 2, 4 ; — Article 259 du code pénal. — Arrêts de cassation des 5 janvier 1861 et 28 septembre 1865. — Les circulaires du garde des sceaux des 22 juillet 1874, 27 août 1874, 26 juillet 1879, témoignent des difficultés que présente la justification d'un titre et sont, par suite, une nouvelle preuve de la parfaite incompétence d'un commis.

2. A moins qu'une partie intéressée, réclamant pour elle seule le droit de porter ce titre, n'obtienne en justice la rectification de l'acte de naissance : la contestation se produira rarement.

canton? Pourquoi n'en serait-il pas des actes de l'état civil comme des archives de la justice et de la propriété?

Mais estime-t-on la réforme difficile, impopulaire ; les habitudes, une longue pratique, la routine s'y opposent-elles ; déclare-t-on même impossible le simple retour au système de la loi de 1792 et veut-on que le maire reste, en cette seule qualité, l'officier de l'état civil? Soit, mais tout au moins que le maire s'acquitte lui-même des devoirs que la loi lui impose et qu'il ne porte point le titre en abandonnant les fonctions au premier commis venu. Ses nombreuses attributions ne lui laissent-elles pas le temps de satisfaire à toutes en personne : que son suppléant ait un titre légal et officiel, qu'un délégué capable et assermenté le supplée si l'on veut, comme le commis-greffier supplée le greffier en chef, mais que l'acte de naissance cesse d'être avec l'acte de décès le seul acte authentique qui ne soit pas réellement reçu par un officier public compétent (art. 1317).